よくわかる 幼児のワーク・ブック
あそびとリズムとおんぷ

遠藤 蓉子・著

サーベル社

は じ め に

　最近は、2才や3才で音楽教室へいらっしゃる方が多くなってきました。2才、3才といえば、まだ幼児というよりも赤ちゃんと言った方がよいくらいで、入門したその日からすぐに鍵盤に向かってドレミというわけにはいきません。それでも、お母様方の音楽教育に対する深い御理解と熱心さに報いるよう私なりに悪戦苦闘してきた結果をこの本にまとめることになりました。

　とにかく、何も知らないまっ白な子供たちが、まずレッスンの形に慣れ、そしてレッスンは楽しいものだと感じてくれることを第一の目的としています。

　第1部のあそび篇では、ぬり絵や迷路をしながら色、図形、数などの基礎能力を開発し、第2部のリズム篇、第3部のおんぷ篇へと自然な形で無理なく導入してゆきます。

　この本が、子供たちと音楽とのすばらしい出会い、そして、子供たちと先生方との楽しいひとときをつくり出すためのお役に立てば幸いです。

1994年　夏

遠　藤　蓉　子

もくじ

本書の使い方	4

第1部　あそび篇 … 5

- あか・しろ・きいろ・みどり … 6
- ちゅうりっぷをうたおう … 10
- めいろあそび … 11
- まる・さんかく・しかく … 12
- あかいりんごときいろいおひさま … 18
- おかおあそび … 20
- ぞうさんをうたおう … 23
- からだのなまえをおぼえよう … 24
- みぎてとひだりて … 26
- かずをおぼえよう … 28
- だいこうぶつはどれ … 30
- くまさんめいろ … 31
- ぶんぶんぶんをうたおう … 32

第2部　リズム篇 … 33

- どうぶつリズム … 34
- ♩をおぼえよう … 35
- たべものリズム … 37
- ♫ をかこう … 38
- なきごえリズム … 39
- ♪ をかこう … 40
- リズムをうとう … 41
- おはようくまさんとおやすみくまさん … 42

第3部　おんぷ篇 … 43

- どをおぼえよう … 44
- れをおぼえよう … 46
- みをおぼえよう … 50
- おんぷをよもう … 54
- おんぷをかこう … 55

本 書 の 使 い 方

(1) 幼児の場合は個人差が大きく、はっきりと断定できませんが、2才から始める場合は第1部から順を追って進んで行ってください。3才から始める場合で、とてもしっかりしているようなら、第1部と並行して、第2部、第3部を同時に始めてください。第1部から始めた場合でも、生徒が音符や鍵盤に強く興味を持ち始めたら、すぐに第2部、第3部を同時に進めてください。

(2) 各ページの下の☆印は、先生方への具体的な指導ポイントです。それぞれのページのテーマはひとつのヒントですので、先生方の自由な発想によりふくらませてください。

(3) 第1部のあそび篇は、特にぬり絵が多く取り入れてあります。2才、3才の場合は、まだ鉛筆を持てない生徒がほとんどです。色鉛筆よりクレヨンを用意していただき、きれいにぬれなくてもかまいませんので、思い切って力強くぬるよう御指導ください。最初は先生も一緒にぬってあげてください。何事も体験するということが重要です。そして、一生懸命やったあとは、気持ちよくほめてあげてください。

(4) この本の他に、おえかき帳を一冊用意していただき、まるの練習、リズム符、音符の練習などをたくさんすると効果的です。

(5) 全篇にわたって文字は使っていませんが、絵のことばは必ず手をたたきながらはっきり大きな声で言うよう御指導ください。ことばをはっきり言うことが大切です。カスタネットやタンバリンなどを使っていただいても結構です。

(6) 第2部のリズム篇は、2才、3才の生徒にとってはむずかしいかもしれませんが、ことばのリズムとして先生の模倣をすることは可能です。うまくできなくても、この段階ではあくまで体験するということが目的ですので、単に紹介ということで終わってもかまいません。リズム符の読み方は、先生によって異なる場合がありますので明記していませんが、「たん」、「たた」、「うん」、「たーあん」などで御指導ください。

(7) 第3部のおんぷ篇では、ドレミを導入します。3才児でも、訓練すれば「ド」と「レ」と「ミ」は大体覚えられます。あせらず、音符の色をぬりながら根気よく練習してください。最初、一本線で練習し、慣れたら五線へと進んでゆきます。余裕があれば、ドレミの模唱、模奏も取り入れるとなお効果的です。

(8) 本書を終了後は、本格的な音楽教育へ進んで下さい。なお、続篇の「よくわかる幼児のおんぷとりずむ」へ入りますと、より一層効果的に本書の内容が生かされます。

第1部　あそび篇

あかいものをさがそう

☆ 赤い色をぬりましょう。ぬれたら、絵のことばを大きな声で言いながらリズムを打ちましょう。(いちご、トマト、りんご)

しろいものをさがそう

☆ 白い色をぬりましょう。ぬれたら、絵のことばを大きな声で言いながらリズムを打ちましょう。(うさぎ、たまご、ごはん)

きいろいものをさがそう

☆ 黄色をぬりましょう。ぬれたら、絵のことばを大きな声で言いながらリズムを打ちましょう。(レモン、バナナ、ひよこ)

みどりのものをさがそう

☆ 緑色をぬりましょう。ぬれたら、絵のことばを大きな声で言いながらリズムを打ちましょう。(き、ピーマン、きゅうり)

ちゅうりっぷをうたおう

☆ これまでに習った色の復習です。歌をうたいながら、よく考えて色をぬりましょう。(花→赤・白・黄色、葉→緑、ちょうちょ→黄色)

めいろあそび

☆ 絵の色をぬってから、同じ色のものを結びましょう。指でたどりながらいろいろな道を考えてください。

まる・さんかく・しかく

☆ 色をぬりながら、図形を覚えましょう。

まる・さんかく・しかくをさがそう

☆ 丸には赤、三角には黄色、四角には緑をぬりましょう。

まる・さんかく・しかくをかこう

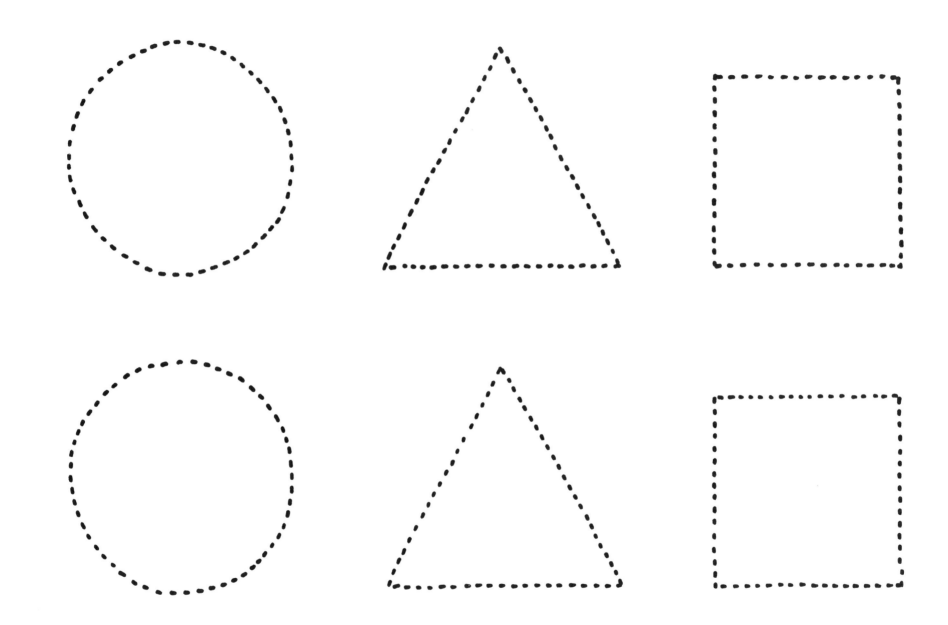

☆ はみ出してもかまいませんので、点線をなぞって書きましょう。

まる・さんかく・しかくをさがそう

☆ 丸、三角、四角のものを探しながら、絵のことばのリズム打ちもしましょう。他にも日常生活の中から丸いもの、四角いもの、三角のものを探してください。

ふうせんをかこう

☆ まるの練習です。最初はうまく書けなくてもかまいません。別の紙にもたくさん練習してください。ふうせんのぬりえもしましょう。

まる・さんかく・しかくのめいろ

☆ 同じ図形を通ってゆきましょう。

あかいりんごをかこう

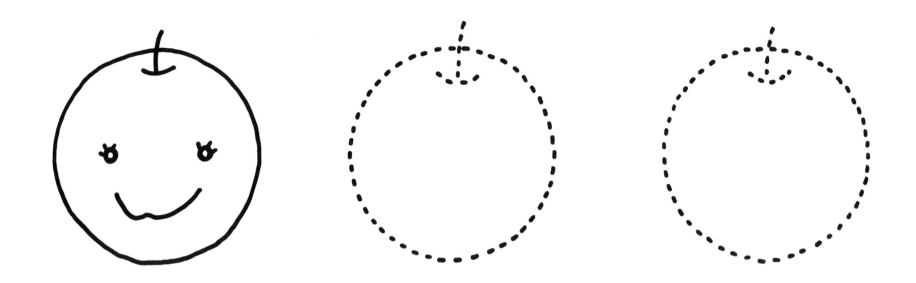

☆ 赤でりんごの丸を練習しましょう。あいているところや別の紙にもたくさん書きましょう。

きいろいおひさまをかこう

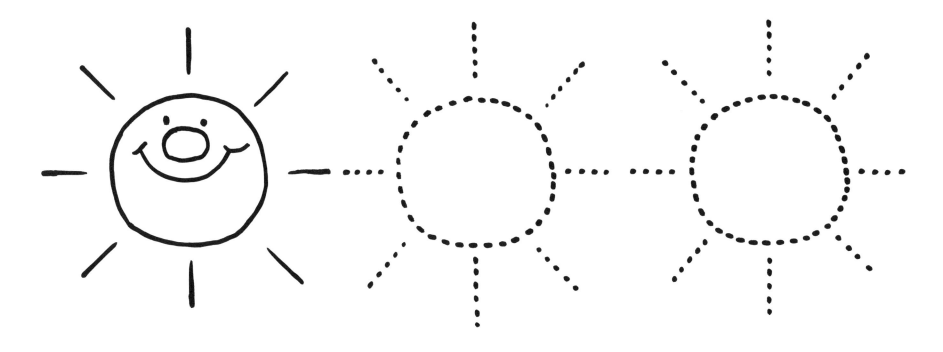

☆ あいているところや別の紙にもたくさん書きましょう。

おかおあそび

☆「め」、「はな」、「くち」、「みみ」、「まゆげ」、「かみ」などを覚えましょう。自分の顔でも確かめられるようになったら、右側の女の子の顔を書きましょう。

かおをかこう

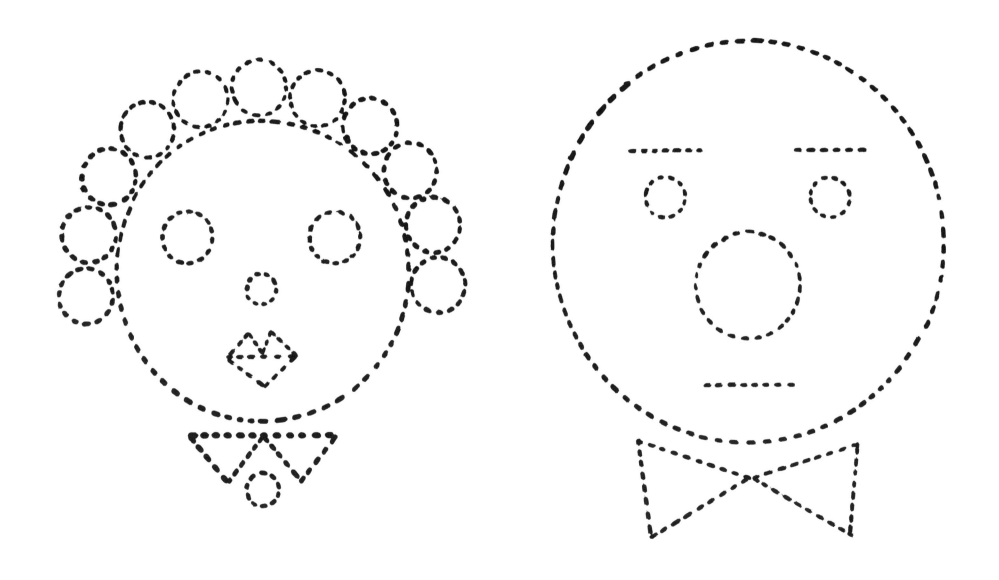

☆ 丸と三角の復習です。別の紙にも自分でたくさん書いてみましょう。

なにがたりないのかな

☆ 足りないものを点線をなぞって書きましょう。(ネコ―目、ウサギ―耳、ブタ―鼻、ライオン―たて髪)

ぞうさんをうたおう

☆ 色をぬりながら、ぞうさんの「はな」、「め」、「みみ」、「あし」、「しっぽ」などを覚えましょう。

からだのなまえをおぼえよう

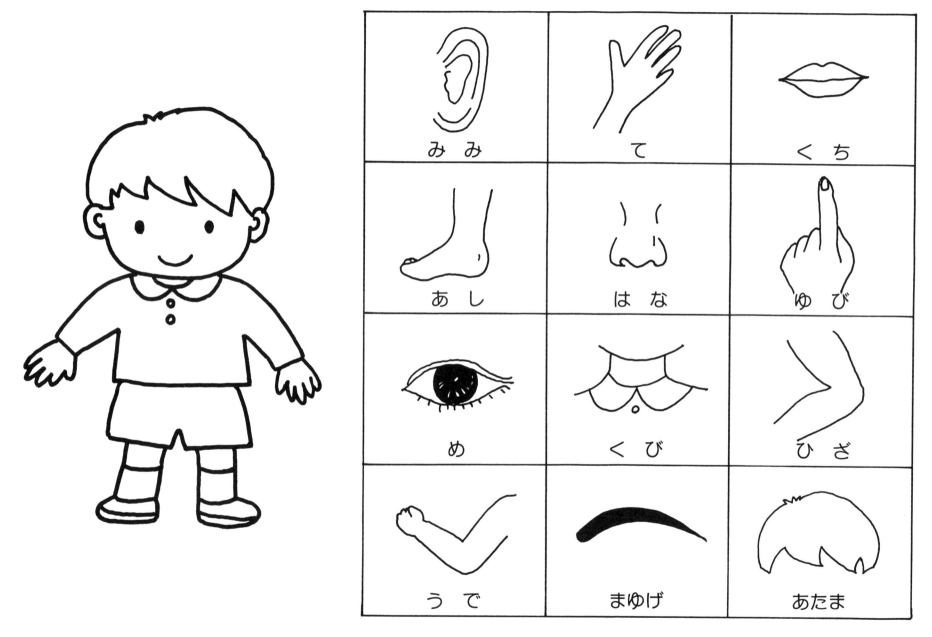

☆ 体の部分が自分のどこにあるかをわかるようにしましょう。絵の他にも、「おしり」、「おなか」、「おへそ」、「せなか」など、すぐに押さえられるようにしましょう。

だれのかな

☆ 誰の体の部分かよく考えてから、上の絵から下の絵まで指でたどりましょう。なお、道にはいろいろな進み方があります。

みぎてとひだりて

☆ 絵を見ながら繰り返し右手と左手の練習をしましょう。ぬりえもしましょう。

てがたをとろう

☆ 右手と左手の手形をとり、その上に手を置いて指示した手をすぐに打つ練習をしましょう。指の名前も覚えましょう。

かずをおぼえよう

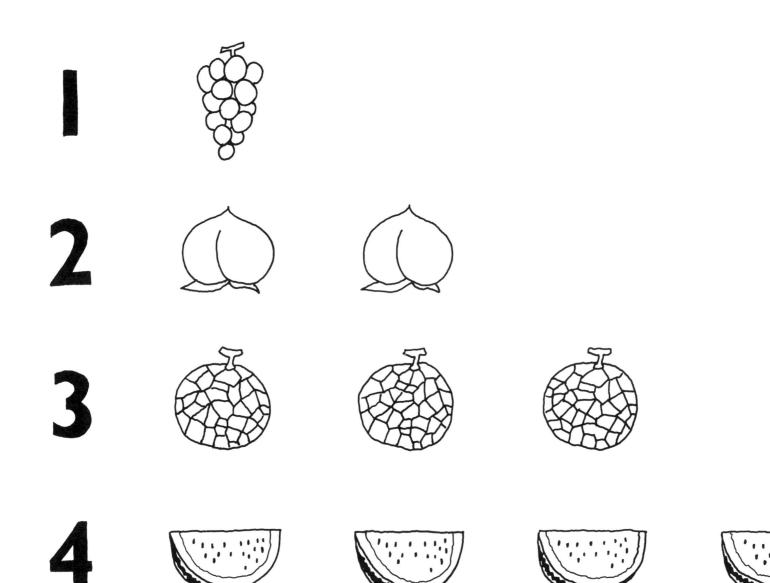

☆ 数字は読めなくてもかまいませんので、数えられるようにしましょう。

おさらのうえにりんごをかこう

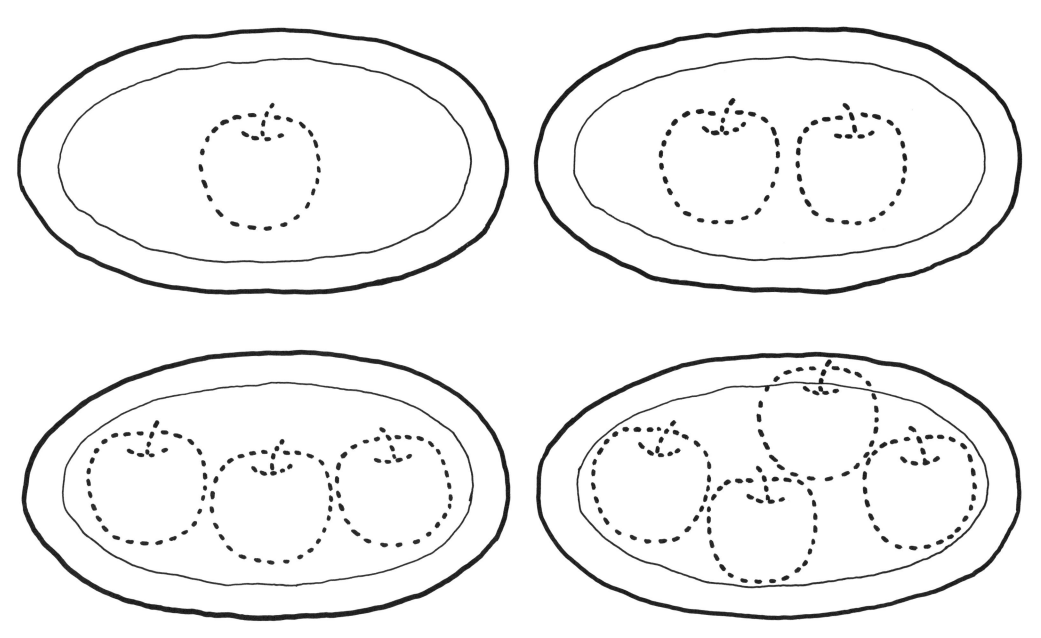

☆ 点線をなぞって、お皿の上に1から4までのりんごをのせましょう。

だいこうぶつはどれかな

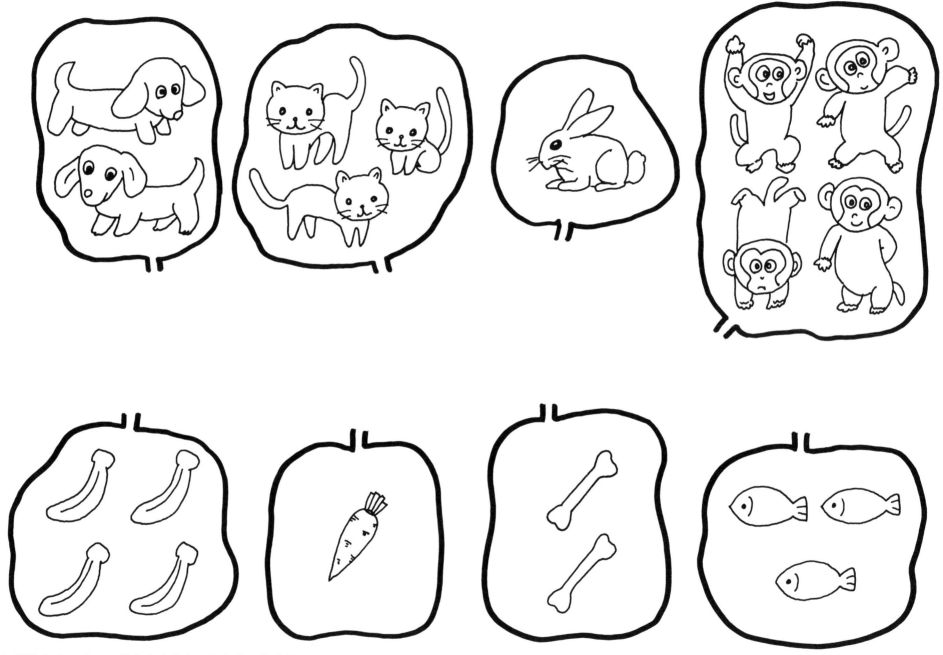

☆ 動物と食べものの数をよく考えてから大好物を線で結びましょう。

くまさんめいろ

☆ くまさんが大好物のハチミツのところへ行けるよう何度も指でなぞりましょう。

ぶんぶんぶんをうたおう

☆ 色をぬりながら、ハチの数、バラの数、魚の数などを数えましょう。

第2部　リズム篇

どうぶつリズム

☆ 絵のことばを大きな声で言いながらリズムを打ちましょう。他の知っている動物の名前も打ちましょう。

♩をおぼえよう

☆ 四分音符の読み方を覚え、音符を見ながらリズムを打ちましょう。それができたら、二文字、三文字、四文字のことばを探して音符を指さしながら言ってみましょう。(カメ、カエル、ペンギンなど左ページの動物も参考にしてください。)

♩をかこう

☆ うまく書けなくてもかまいませんので、あいているところや別の紙にもたくさん練習しましょう。この段階では、体験するということが第一の目的です。

たべものリズム

☆ 絵のことばを大きな声で言いながらリズムを打ちましょう（プリン、ケーキ、ドーナツ、あめ、チョコレート、クッキー）。他の知っている食べものの名前も打ってみましょう。

♫ をかこう

☆ あいているところや別の紙にもたくさん書きましょう。四分音符は「ふつうに歩く」、八分音符は「急いでかけ足」など、幼児にもわかる方法で四分音符と八分音符の違いを御指導ください。

なきごえリズム

☆ リズム符を見ながら、動物のなき声でリズムを打ちましょう（イヌーワンワンワン、タヌキーポンポコポン、ニワトリーコケコッコ）。この他にも、いろいろな動物のなき声を考えてみましょう。

♩をかこう

☆ あいているところや別の紙にもたくさん書きましょう。四分音符は「ふつうの速さ」、八分音符は「大急ぎ」、二分音符は「ゆっくりのろのろ」であることがわかるよう御指導ください。

リズムをうとう

☆ 絵のことばを言いながらリズムを打つ練習をし、慣れたらリズム符を読みましょう。(ぞーさん、ラーメン、どろぼー、パトカー、ひこーき、スカート)

おはようくまさんとおやすみくまさん

☆ 起きているくまは四分音符、寝ているくまは四分休符としてリズムを打つよう御指導ください。

第3部 おんぷ篇

どをおぼえよう

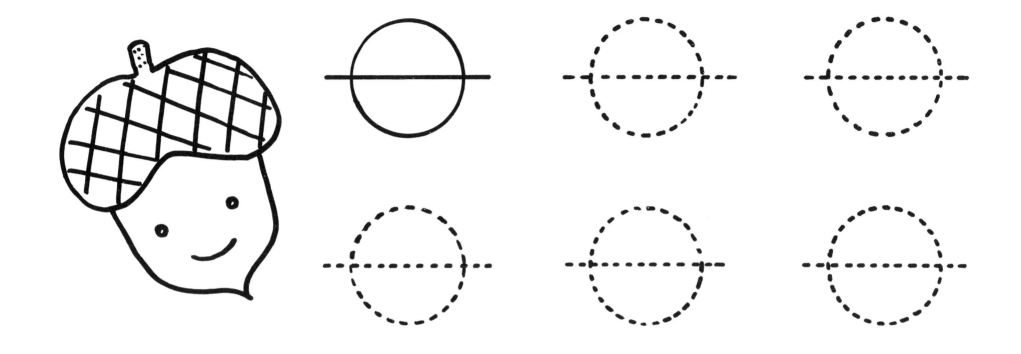

☆「横棒に丸はどんぐりのド」と覚えましょう。あいているところや別の紙にもたくさん書きましょう。

どのばしょ

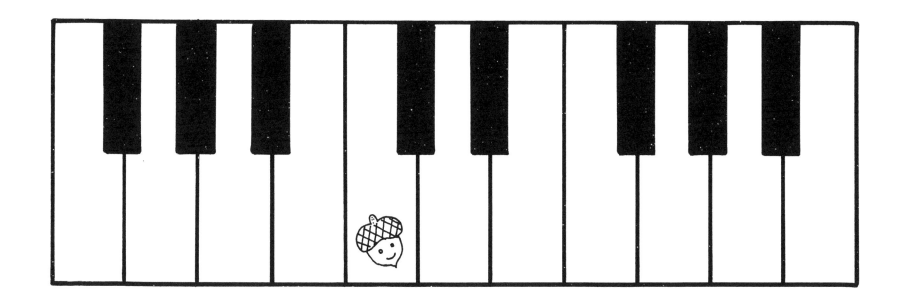

☆ 鍵盤のドの場所を赤でぬりましょう。そして、点線をなぞってドを書き、大きな声で読みましょう。

れをおぼえよう

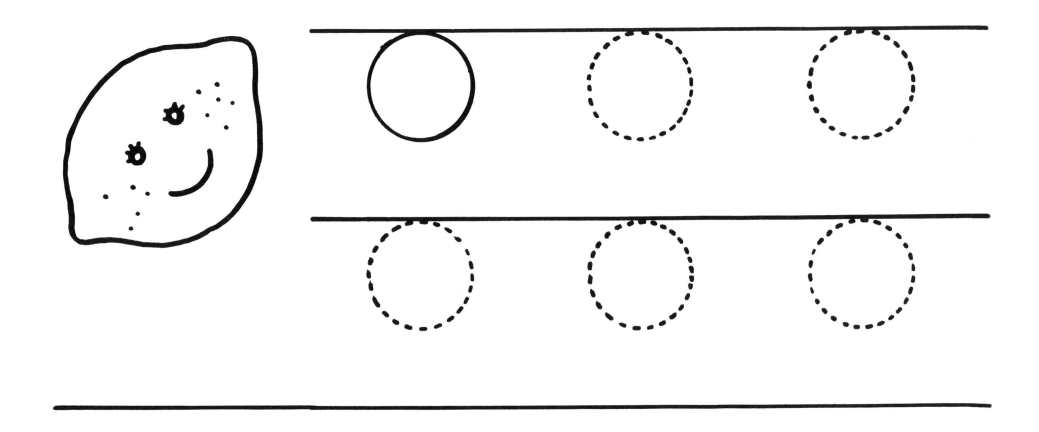

☆ レは線にくっついている丸であることを印象づけてください。この段階では、線は五線ではなく、一本線で練習した方が、幼児は早く覚えられます。

れのばしょ

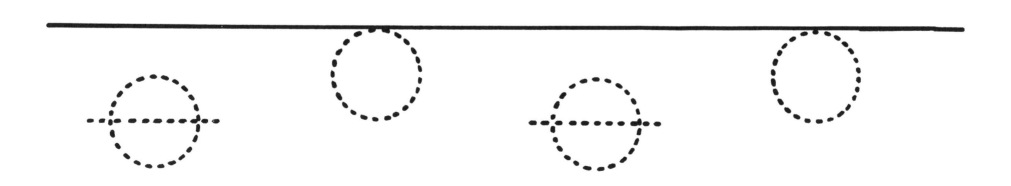

☆ ドの場所に赤、レの場所に黄色をぬりましょう。ドとレを交互に書くことによって、ドとレの違いを区別させてください。書けたら大きな声で読みましょう。

おんぷをよもう

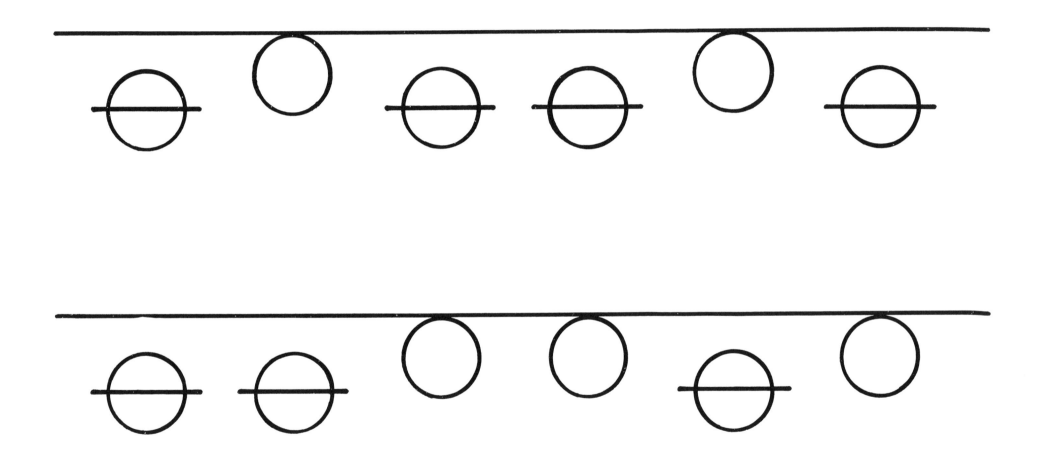

☆ むずかしい場合は、ドに赤、レに黄色をぬってから読みましょう。

おんぷをかこう

_____

_____

☆ どんぐりはド、レモンはレの音符を書きましょう。別の紙にも一本線をひいて、たくさん練習しましょう。書けたら、大きな声で読みましょう。

みをおぼえよう

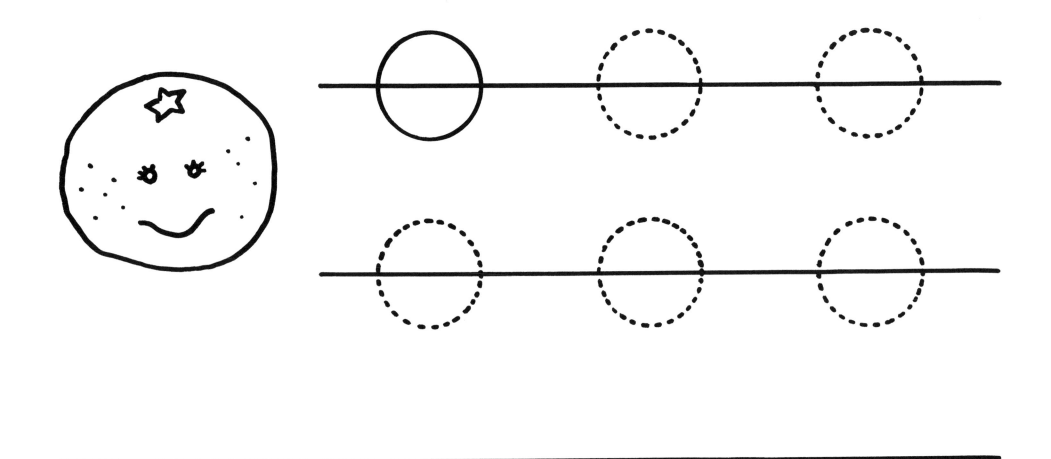

☆ ドとミの違いをはっきり覚えましょう。ドは自分で横棒を書いてからまる、ミは最初からある線の上にまるだけです。

みのばしょ

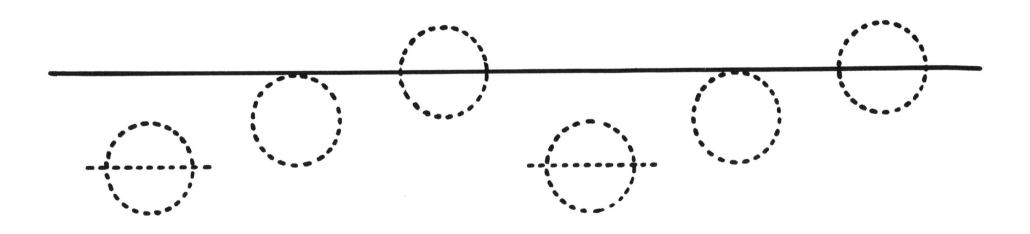

☆ ドの場所に赤、レの場所に黄色、ミの場所に緑をぬりましょう。ドレミの点線をなぞって書き、書けたら大きな声で読みましょう。

おんぷをよもう

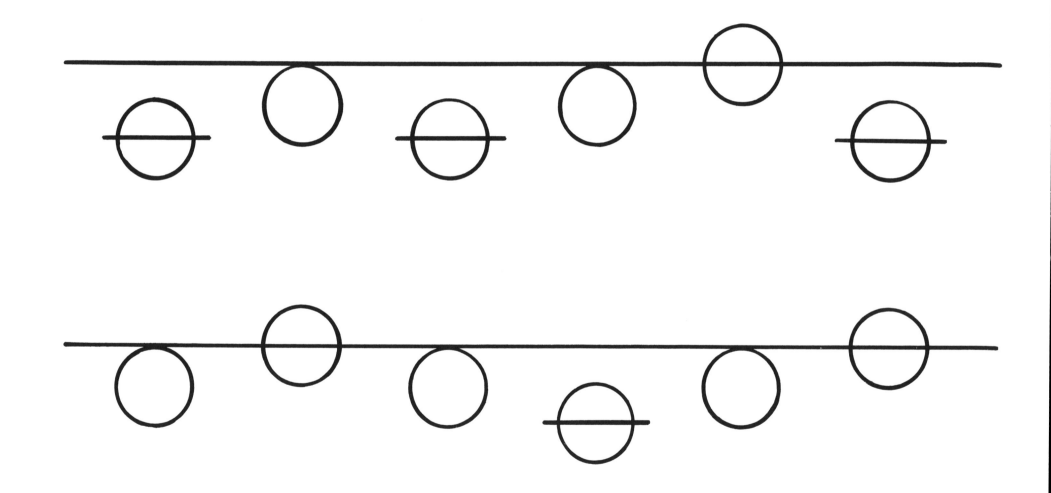

☆ むずかしい場合は、ドに赤、レに黄色、ミに緑をぬってから読みましょう。

おんぷをかこう

———————————————————————————————

———————————————————————————————

☆ どんぐりはド、レモンはレ、みかんはミを書きましょう。別の紙にも一本線をひき、たくさん練習しましょう。書けたら大きな声で読みましょう。

おんぷをよもう

☆ ここで初めて一本線から五線へ導入します。むずかしい場合は、音符に色をぬってから読みましょう。

おんぷをかこう

☆ 書けたら、大きな声で読みましょう。

小さいお子様のレッスンを楽しくする多彩なテキスト

2,3才〜

◎ よくわかる 幼児のワーク・ブック
　　あそびとりずむとおんぷ
　　　　　　　　定価［本体1100円＋税］

小さい子がレッスンの形に慣れ、少しずつ音楽に親しんでいくための導入ワーク・ブック。色や形、数などの基礎能力の開発から自然な形で音符へと進んでいきます。

◎ おんぷのおえかきワーク・ブック ①〜③
　　　　（えかきうたつき）
　　　　　　　　各定価［本体1100円＋税］

楽しいえかきうたでおえかきの練習をしながら、音符の色ぬりをとおして一つ一つの音を丁寧に覚えていきます。よくわかる幼児のワーク・ブックの続編。また、少し大きな子であれば、各巻から単独で使用することもできます。

3,4才〜

◎ よくわかる 幼児のおんぷとりずむ ①〜③
　　　（おなはしのイラストつき）
　　　　　　　　各定価［本体1200円＋税］

小さい子にわかりやすいように大きな音符で音とリズムを覚えます。譜読みを中心にことばのリズムから両手のリズムへと進みます。両手の準備段階に最適です。
　　1巻　おおきなかぶの巻
　　2巻　ブレーメンのおんがくたいの巻
　　3巻　三びきのこぶたの巻

◎ たのしいソルフェージュ うたあそび ①〜③
　　　　〜ピアノとともに〜
　　　　　　　　各定価［本体1300円＋税］

楽しく歌いながら、ピアノに必要な音感やリズム感などを身につけます。子供たちの知っている曲を中心に、先生と生徒の楽しいひとときを作り出し、音楽の楽しさを実感します。

4,5才〜

◎ はじめてのピアノ教本 ①〜⑤
　　　　　　　　各定価［本体1200円＋税］

様々な準備段階から本格的なピアノのレッスンに移ります。一つのテーマを丁寧に反復練習することによって確実に進んでいきます。シンプルで使いやすい入門書。

◎ おんぷとりずむをおぼえるための
　　うさぎさんワーク ①〜③　（なぞなぞつき）
　　　　　　　　各定価［本体950円＋税］

音符を書く練習と同時に、リズム打ちや譜読みを取り入れた画期的なワーク・ブック。

◎ おんぷ・にこにこ・ワーク ①〜⑤
　　　（音あてクイズつき）
　　　　　　　　各定価［本体950円＋税］

色ぬりや線結びを豊富に取り入れた子供たちに人気のあるワーク・ブック。各巻は、音域別。

各テキストはサーベル社より好評発売中

★★★ 書籍のご案内 ★★★

「1才からのピアノ・レッスン」（21世紀の新しい音楽教室のために）　定価［本体1800円＋税］
　著者の経験に基づいたユニークな指導書。小さいお子様のレッスンでお困りの先生方に一筋の光を与えます。

「2才からのピアノ・レッスン」（小さい子の上手な教え方）　定価［本体1800円＋税］
　リズムと音感のトレーニングから小さい子の扱い方、具体的なピアノの指導法までテキストに沿って説明。

「ピアノ・レッスン知恵袋」（テキスト選びとレッスンのヒント）　定価［本体1800円＋税］
　小さい子から高齢者まで、楽しいレッスンのためのヒントを具体的なテキストに沿って紹介。現代風レッスンの決定版。楽しく早く上達する方法をこっそり教えます。巻末には、テキスト選びの栞もついています。

「虹とピアノ、どこまでも一人旅」（続・小さな音楽教室物語）　定価［本体1800円＋税］
　「青い空とピアノ、そしてコーヒーと私」の続編で、テキスト作りのことや公開講座の旅のこと、日頃のレッスンのことなど楽しい読みもの。巻末に「小さい子のためのクリスマス会の作り方」も掲載。

「朝から晩までドレミファソラシド」（続続・小さな音楽教室物語）　定価［本体2000円＋税］
　「虹とピアノ、どこまでも一人旅」から4年後の著者が、テキストにおいてもレッスンにおいてもさらに深まりを見せながら成長していく数々のストーリー。巻末には「わたしのレッスン・ノート」として近刊テキストの説明あり。

サーベル社より好評発売中

※遠藤蓉子ホームページ　http://yoppii.g.dgdg.jp/
［YouTube］よっぴーのお部屋 レッスンの扉（レッスンのヒントを紹介）

著　者	遠藤蓉子
発行者	鈴木廣史
発行所	株式会社サーベル社
定　価	［本体1,100円＋税］
発行日	2023年5月15日

よくわかる 幼児のワーク・ブック
あそびとリズムとおんぷ

〒130-0025　東京都墨田区千歳 2-9-13
TEL:03-3846-1051　FAX:03-3846-1391
http://www.saber-inc.co.jp/

この著作物を権利者に無断で複写複製することは、著作権法で禁じられています。
万一、落丁・乱丁の場合は送料小社負担でお取替えいたします。

ISBN978-4-88371-138-3 C0073 ¥1100E